Coleção
Conversas sobre
cidadania

EDSON GABRIEL GARCIA

Vivemos juntos

Os direitos e deveres
na vida em sociedade

Edição renovada

FTD

São Paulo – 2014

Copyright © Edson Gabriel Garcia, 2014
Todos os direitos reservados à
EDITORA FTD S.A.
Matriz: Rua Rui Barbosa, 156 – Bela Vista – São Paulo – SP
CEP 01326-010 – Tel. (0-XX-11) 3598-6000
Caixa Postal 65149 – CEP da Caixa Postal 01390-970
Internet: www.ftd.com.br
E-mail: projetos@ftd.com.br

Gerente editorial	Ceciliany Alves
Editora executiva	Valéria de Freitas Pereira
Editor assistente	J. Augusto Nascimento
Gerente de produção editorial	Mariana Milani
Coordenadora de produção	Marcia Berne
Coordenadora de preparação e revisão	Lilian Semenichin
Preparadora	Elvira Rocha
Revisora	Maria de Lourdes de Almeida
Coordenador de arte	Eduardo Evangelista Rodrigues
Editora de arte	Andréia Crema
Projeto gráfico	Estúdio Sintonia
Diagramação	Estúdio Sintonia
Editoração eletrônica	Alicia Sei
Tratamento de imagem	Ana Isabela Pitham Maraschin e Eziquiel Racheti
Ilustrador	Tel Coelho/Giz de Cera Studio
Supervisora de iconografia	Célia Rosa
Pesquisa iconográfica	Graciela Naliati
Diretor de operações e produção gráfica	Reginaldo Soares Damasceno

Edson Gabriel Garcia é educador e escritor. Sempre viveu em meio a escolas, projetos, crianças e jovens, escrevendo e desenvolvendo programas de incentivo à leitura. Além de seus livros de literatura infantil e juvenil, vem escrevendo sobre cidadania e comportamento social e político.

Dados Internacionais de Catalogação na Publicação (CIP)
(Câmara Brasileira do Livro, SP, Brasil)

Garcia, Edson Gabriel

    Vivemos juntos : os direitos e deveres na vida em sociedade / Edson Gabriel Garcia. – 1. ed. – São Paulo : FTD, 2014. – (Coleção conversas sobre cidadania)

"Edição renovada".
ISBN 978-85-322-9962-8 (aluno)
ISBN 978-85-322-9963-5 (professor)

1. Cidadania (Ensino fundamental) I. Título. II. Série.

14-07236   CDD-370.115

Índices para catálogo sistemático:
1. Direitos e deveres : Educação para a cidadania   370.115

Começo de conversa

Cidadania é uma conversa que não tem fim. Há sempre algo a mais para se conversar. É assunto para a vida toda.

A vida em sociedade tem uma relação direta com a cidadania, para que todos possam viver de maneira mais justa, digna e feliz. Por isso, sempre é tempo de puxar conversa e dialogar sobre **respeito**, **solidariedade**, **direitos e deveres**, **cooperação**, **participação**.

Assim, no dia a dia, pouco a pouco, pelo esforço de cada um e de todos juntos, a vida pode se tornar melhor. É nesta direção, no esforço de cada um de nós para aprender, por meio do diálogo, do estudo, da reflexão e das atitudes tomadas, que a construção da cidadania individual e coletiva acontecerá.

Entre nesta conversa e faça sua parte.

Sumário

1. No meio do caminho 6

2. Das cavernas às megalópoles 8

3. O mundo pela tela da TV 12

4. O mundo nas páginas do jornal 15

5. De noite, no meio do sono... 19

6. Cada um na sua 20

7. Na escola: uma redação e muita conversa 25

8. Muitas ideias na cabeça 30

9. Aqui na escola, as coisas são assim 31

10. Eu, você e os outros: nós 32

11. Está tudo escrito? 37

12. Tantas leis 39

13. Nem tudo está escrito 41

14. O mais bonito de tudo 43

15. Outra redação 46

1. No meio do caminho

Sentado no ônibus que o levava para casa depois da aula, Zé Luiz distraía-se olhando pela janela o movimento na rua.

Muitas cenas passavam diante de seus olhos. Pessoas nas lojas, esperando o ônibus, na fila do banco, andando depressa na calçada, comendo nos restaurantes:

– Nossa! Quanta gente vive junta em um mesmo lugar!

Fique por dentro

Não estamos sós

Às vezes esquecemos que não somos apenas nós, seres humanos, que habitam o planeta Terra e dependem dos seus recursos. As espécies dependem umas das outras para sobreviver. Conheça alguns motivos para preservar a vida no planeta.

- Razões éticas: o ser humano tem o dever moral de proteger outras formas de vida, como espécie dominante no planeta.
- Razões estéticas: pela beleza e pelo prazer que as pessoas têm em apreciar a natureza e de ver animais e plantas no seu estado selvagem. Teríamos um mundo sem graça, se não houvesse flores, pássaros, peixes no mar, animais na floresta.
- Razões econômicas: a diminuição de espécies pode prejudicar as atividades já existentes e comprometer a sua utilização no futuro. Estima-se que pelo menos 40% da economia mundial e 80% das necessidades dos povos dependem dos recursos biológicos.
- Razões funcionais da natureza: a redução da biodiversidade leva a perdas ambientais. Isso ocorre, pois as espécies estão interligadas por mecanismos naturais com importantes funções, como a regulação do clima, purificação do ar, proteção dos solos, das bacias hidrográficas contra a erosão, controle natural de pragas.

A região da foz do rio Curiaú (Amapá) é uma das áreas defendidas pelo governo com o objetivo de proteção e conservação dos recursos naturais.

Moral: conjunto de regras de conduta que servem para uma pessoa ou grupo
Estética: estudo relativo à beleza.
Biodiversidade: variedade de espécies animais, vegetais e de microrganismo de uma região.
Bacia hidrográfica: região banhada por um rio e seus afluentes.
Erosão: desgaste de terrenos por ação do vento e da água.

Extraído do *site*: <http://biogeografia-ufsm.blogspot.com.br/2010/06/por-que-preservar-biodiversidade.html>. Acesso em: 8 jan. 2014.

2. Das cavernas às megalópoles

Zé Luiz tem razão.

Há muitos milênios as pessoas vivem juntas.

Desde os tempos das cavernas até hoje, em grupos com diferentes tamanhos e organizações, os seres humanos vivem próximos uns dos outros.

Formam famílias.

Caçam e pescam para se alimentar.

Descobrem a natureza.

Participam de guerras.

Cultivam a terra.

Inventam sem parar.

Ajudam seus semelhantes.

Constroem cidades.

Erguem grandes construções

Um pouco de história

Vida em grupo na pré-história

Por meio de pinturas antigas nas paredes de cavernas (**pinturas rupestres**) e artefatos encontrados em escavações, os historiadores sabem que os seres humanos já viviam em grupo há muitos milênios.

Pintura rupestre: pinturas encontradas em rochas e paredes de cavernas, feitas por povos antigos.

Fique por dentro

As cidades

Grande parte das pessoas vive hoje em cidades. Nem sempre foi assim.

Há cerca de 10 mil anos, a maioria dos povos não se fixava muito tempo em um único lugar. Vivia se mudando de um lugar para outro, caçando, colhendo o que a natureza oferecia, carregando pouca coisa e habitando em abrigos temporários. Essa prática é conhecida como nomadismo e as pessoas que assim vivem são chamadas de nômades.

A aglomeração de pessoas nas cidades é cada vez maior. Ao longo do século XX, a população das cidades superou a do campo no mundo.

Para que todos possam conviver em melhores condições, é importante participar da vida de nossa cidade, sugerir mudanças, cobrar dos administradores o uso correto do **dinheiro público**. Os direitos e deveres devem ser respeitados por todos. Vivemos juntos nas cidades e juntos podemos e devemos resolver nossas questões de convivência.

Dinheiro público: dinheiro advindo principalmente de impostos recolhidos da população, que deve ser usado na administração pública e em prol do bem comum.

Os tuaregues são povos que habitam a região norte do Saara e que mantêm um estilo de vida nômade.

Histórias que a vida conta

Leia a seguir trecho de uma crônica publicada no *Jornal da Tarde*, em que o autor fala sobre as dificuldades de viver em uma cidade grande.

São Paulo e a vida no concreto

É bem comum ouvir gente de fora e até mesmo daqui de São Paulo falar do quão dura é a vida nesta cidade. E realmente a metrópole não dá moleza a quem não a entende ou não procura se adaptar logo a seus excessos e contrastes. Certa vez, parado no trânsito na Avenida Salim Farah Maluf, me chamou a atenção um girassol que nascera no espaço entre a tampa de concreto de um bueiro e a calçada de cimento do canteiro central. O calor naquele dia era intenso. E a planta de poucos centímetros de altura apontava diretamente para o Sol, impulsionada pela luz que a transformou de semente em flor.

Aquele pequeno girassol não tinha escolha. Apenas nascer, tirando o melhor proveito das condições aparentemente adversas e, sobretudo, aproveitando as raras chances oferecidas pela cidade grande. [...]

Da mesma forma enxergo as pessoas que persistem em vencer os obstáculos apresentados pelas terras paulistanas. Isso porque há quem não teve muita escolha. São Paulo se apresentou como a única saída, a chance singular de vencer. E é uma tarefa relativamente fácil encontrar quem insista em viver aqui. Gente a enfrentar o concreto como fazem as plantas aéreas da capital paulista, localidade que quase sempre insiste em nos repelir e a complicar nossa existência. [...]

Extraído do *site*: <http://blogs.estadao.com.br/jt-cidades/cronica-sao-paulo-e-a-vida-no-concreto/>. Acesso em: 8 jan. 2014.

3. O mundo pela tela da TV

À noite, depois do jantar, Zé Luiz sentou-se no sofá da sala de sua casa, junto com os irmãos e os pais, para assistir a um telejornal, antes da novela.

> **Assentado:** membro de assentamento do Movimento Sem Terra.
>
> **Organização não governamental:** organização não ligada ao governo, mas que tem por objetivo realizar ações voltadas ao desenvolvimento social.

MILHARES DE DESEMPREGADOS FAZEM FILA DESDE A MADRUGADA NA PORTA DE UM SUPERMERCADO À PROCURA DE UMA DAS DUAS VAGAS DE EMPACOTADOR.

PAIS, ALUNOS E FUNCIONÁRIOS FAZEM PASSEATA CONTRA A VIOLÊNCIA NAS ESCOLAS.

COOPERATIVA DE **ASSENTADOS** DO MOVIMENTO DOS SEM TERRA DÁ LUCRO E PROVA QUE TRABALHO COOPERATIVO E ORGANIZADO DÁ RESULTADO.

DOUTORES DA ALEGRIA LEVAM BOM HUMOR, CONFORTO E ALEGRIA PARA CRIANÇAS HOSPITALIZADAS, AJUDANDO-AS NOS DIFÍCEIS MOMENTOS DA DOENÇA.

CAMPANHA CONTRA A FOME CONTINUA ARRECADANDO ALIMENTOS QUE SERÃO DISTRIBUÍDOS NA REGIÃO AFETADA PELA SECA.

ORGANIZAÇÃO NÃO GOVERNAMENTAL ARTICULA CONSUMIDORES PARA CONTROLAR AUMENTO ABUSIVO DE PREÇOS DOS ALIMENTOS NOS SUPERMERCADOS.

Histórias que a vida conta

Notícias históricas transmitidas pela TV no Brasil e no mundo

Chegada do homem à Lua, 1969.

Queda do Muro de Berlim, 1989.

Diretas já, 1983-1984.

Movimento Caras Pintadas, 1992.

Ataque ao World Trade Center, 2001.

Guerra no Iraque, 2003-2011.

Jogos Olímpicos de Pequim, 2008.

Tsunami no Oceano Índico, 2004.

Manifestação no Brasil, jun. de 2013.

4. O mundo nas páginas do jornal

ONZE MUNICÍPIOS FLUMINENSES ESTÃO EM ALERTA MÁXIMO POR CAUSA DA CHEIA DE RIOS

Com o deslocamento da frente fria que estava no Rio de Janeiro para o Espírito Santo, a tendência é de diminuição das chuvas nas cidades *fluminenses*

Fluminense: pertencente ao estado do Rio de Janeiro

Voltou a chover forte na capital fluminense na noite de quarta-feira.

Onze municípios fluminenses estão em alerta máximo por causa do aumento do nível de rios. Segundo o Instituto Estadual do Ambiente (Inea), que faz o monitoramento dos rios no estado, o alerta máximo é o mais grave em uma escala de quatro níveis, que significa que há previsão de continuidade da chuva e o nível de rios já atingiu 80% da cota de transbordamento.

Extraído do site: <http://zerohora.clicrbs.com.br/rs/geral/noticia/2013/12/onze-municipios-fluminenses-estao-em-alerta-maximo-por-causa-da-cheia-de-rios-4362378.html>. Acesso em: 8 jan. 2014.

VARIAÇÃO NOS PREÇOS DE REMÉDIOS EM CAMPINAS CHEGA A 371%, DIZ PROCON

Órgão de defesa do consumidor analisou valores cobrados em 9 farmácias. Maior diferença foi encontrada em medicamento genérico para hipertensão.

Do G1 Campinas e Região

Procon faz pesquisa de preços de remédios.

Uma pesquisa realizada pelo Procon de Campinas (SP) e pelo Núcleo Regional Campinas da Fundação Procon de São Paulo encontrou diferença de até 371,13% nos preços de medicamentos. A maior variação dos valores cobrados nas farmácias foi referente a um remédio genérico para controlar hipertensão. Em uma drogaria, a caixa com 30 comprimidos custava R$ 6,79, mas a mesma amostra era vendida a R$ 31,99 em outra farmácia da cidade. Já o medicamento de referência com a mesma substância apresentou variação de até 39%.

Procon: órgão de defesa do consumidor.

Extraído do site: <http://g1.globo.com/sp/campinas-regiao/noticia/2013/09/variacao-nos-precos-de-remedios-em-campinas-chega-371-diz-procon.html>. Acesso em: 8 jan. 2014.

35 MILHÕES DE BRASILEIROS JÁ FIZERAM TRABALHO VOLUNTÁRIO, DIZ IBOPE

No Dia Internacional do Voluntário, comemorado nesta quinta, 5, conheça a história de três pessoas que se dedicam a atividades sem remuneração

Felipe Cordeiro – *O Estado de S. Paulo*

SÃO PAULO – Visitas a orfanatos para levar alegria e diversão às crianças. Aulas de reforço a alunos de escolas públicas. Recolhimento de lixo da areia para a preservação das praias. O que essas atividades têm em comum é serem feitas por voluntários – pessoas que não recebem nenhum tipo de remuneração pelo trabalho. A recompensa é a satisfação em ajudar o próximo e contribuir para um mundo melhor. No Dia Internacional do Voluntário, comemorado nesta quinta-feira, 5 de dezembro, conheça a história de três brasileiros que se dedicam a trabalhos voluntários.

No Brasil, segundo pesquisa do Ibope, 25% da população com mais de 16 anos faz ou já fez trabalho voluntário, o que totaliza 35 milhões de pessoas, com idade média de 39 anos. "São várias as motivações: retribuir algo que recebeu, ajudar pessoas, ocupar um tempo livre, contribuir para melhorar o mundo", diz Silvia Naccache, coordenadora do Centro de Voluntariado de São Paulo (CVSP).

"As pessoas dizem que fazem projetos voluntários para os outros, mas é para elas mesmas. Isso faz bem, é apaixonante", diz a estudante de economia Raquel Coelho, de 24 anos.

Após assistir a uma palestra sobre trabalho voluntário na faculdade, Raquel se interessou pelo tema e, desde 2010, faz parte do Crea+, projeto internacional que atua em escolas públicas do Brasil, Chile e Peru.

No País, o Crea+ conta com a participação de 123 voluntários, que, aos sábados, dão aulas de reforço de matemática e coordenam atividades socioculturais e esportivas em duas escolas estaduais de São Paulo: a Professor Daniel Paulo Verano Pontes, no Rio Pequeno, zona oeste, que atende crianças e adolescentes moradores da Favela São Remo; e a Professor Odon Cavalcanti, no Ipiranga, zona sul, frequentada por moradores de Heliópolis.

Ibope: empresa de pesquisa que fornece informações sobre mídia, consumo, opinião pública etc.

Extraído do *site*: www.estadao.com.br/noticias/cidades, 35-milhoes-de-brasileiros-ja-fizeram-trabalho-voluntario-diz-ibope, 1104632,0.htm. Acesso em: 8 jan. 2014.

PESQUISAS REVELAM AVANÇOS NO COMBATE AO TRABALHO INFANTIL EM RORAIMA

As ações de combate a esta prática são desenvolvidas por meio do Programa Estadual de Erradicação do Trabalho Infantil (Peti)

Por Redação

Roraima passou da 4ª colocação para a 24ª posição no Ranking Nacional do Trabalho Infantil. É o que apontam pesquisas realizadas pelo Instituto Brasileiro de Geografia e Estatística (IBGE) e Pesquisa Nacional por Amostra de Domicílio (PNAD), no período de 2010 a 2012.

No Estado, as ações de combate a esta prática são desenvolvidas por meio do Programa Estadual de Erradicação do Trabalho Infantil (Peti), com os 15 municípios de Roraima.

Somente Boa Vista e Bonfim recebem recursos para a gestão do Peti, mas segundo o MDS, em 2014, outros três municípios passam a ser contemplados, sendo eles: Uiramutã, Alto Alegre e Rorainópolis.

Extraído do *site*: <www.bvnews.com.br/noticia.php?intNotID=2238>. Acesso em: 8 jan. 2014.

5. De noite, no meio do sono...

Zé Luiz sabia dessas coisas, pois ouvia noticiários de rádio, assistia a programas de televisão, via as manchetes dos jornais expostos nas bancas, navegava por portais de jornalismo na internet. Além disso, ele sempre estava atento à conversa dos adultos a sua volta. Era praticamente impossível não ter contato com essas informações, pois a vida, principalmente nas cidades, era repleta de fatos como os narrados pela mídia.

Naquela noite, ele foi dormir com tudo aquilo na cabeça, uma mistura de muitas informações diferentes, e mais do que isso: dormiu pensando nisso.

Lá pelas tantas, Zé Luiz sonhou que estava no meio de uma torre.

Fique por dentro

Torre de Babel

A torre de Babel é uma narrativa bíblica do livro do Gênesis. Ela conta a história de uma torre imensa que estava sendo erguida, tão alta que iria alcançar o céu, elevando a humanidade à altura de Deus.

Deus não gostou nada disso e confundiu a língua das pessoas, espalhando-as pela Terra. Essa história costuma ser contada para explicar por que as pessoas, em cada lugar, falam línguas diferentes. Leia a seguir um trecho dessa história.

A torre de Babel, de Pieter Bruegel, óleo sobre madeira (1563).

Pieter Bruegel, o Velho. c. 1563. Óleo sobre tela. Kunsthistorisches Museum, Viena

6. Cada um na sua

A torre estava cheia de gente por todos os lados.

E o sonho de Zé Luiz girava feito um caleidoscópio gigantesco, misturando tudo, confundindo tudo. Uma mistura maluca de vozes, ideias, gritos, palpites, opiniões, tudo junto ao mesmo tempo, sem ordem nem direção.

Até que, no sonho, alguém deu um grito muito alto ouvido por todos que estavam na torre.

Então o sonho de Zé Luiz foi ficando mais tranquilo, mais gostoso, mais interessante. A torre foi girando... a conversa foi ficando mais suave... mais distante.

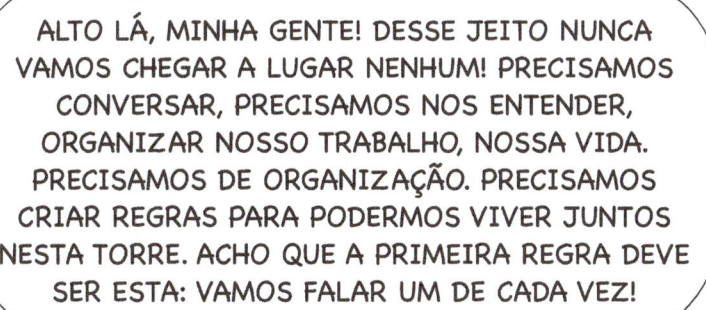

E DEPOIS RESPEITAR A DECISÃO QUE TOMAMOS!

SÓ ASSIM PODEREMOS TER UMA CONVIVÊNCIA MELHOR! MAIS DEMOCRÁTICA!

Um pouco de história

A forma de governo em que todos podem participar das decisões e da política é chamada democracia. Nos países regidos por esse modelo, as leis e a estrutura de governo devem ter em vista sempre o bem do povo, das pessoas que vivem no lugar.

Essa forma de governo nasceu na Grécia antiga. Conheça o que Péricles (século V a.C.), governante e legislador de Atenas, disse sobre a democracia:

Vivemos sob uma forma de governo que não se baseia nas instituições de nossos vizinhos; ao contrário, servimos de modelo a alguns ao invés de imitar outros. Seu nome, como tudo depende não de poucos mas da maioria, é democracia.

[...]

Olhamos o homem alheio às atividades públicas não como alguém que cuida apenas de seus próprios interesses, mas como um inútil; nós, cidadãos atenienses, decidimos as questões públicas por nós mesmos, ou pelo menos nos esforçamos por compreendê-las claramente, na crença de que não é o debate que é empecilho à ação, e sim o fato de não se estar esclarecido pelo debate antes de chegar a hora da ação.

Péricles, governante e legislador ateniense (século V a.C.).

Alheio: diz-se daquele que não participa de algo.
Empecilho: dificuldade.

TUCÍDIDES. *História da Guerra do Peloponeso*, Livro II. Brasília: Editora Universidade de Brasília,1986. Disponível em: <www.funag.gov.br/biblioteca/dmdocuments/0041.pdf>. Acesso em: 19 dez. 2013.

Momento para reflexão

1. Olhe à sua volta, pense em tudo o que existe e responda: que outras formas de vida você conhece?
   _____
   _____

2. Imagine uma pessoa que sempre viveu longe de centros urbanos perguntando a você o que é uma cidade. Como você explicaria?
   _____
   _____
   _____

3. Que diferença há, em sua opinião, entre viver em uma cidade grande e em uma cidade pequena?
   _____
   _____

4. Você vê telejornais? O que você acha das notícias?
   _____
   _____
   _____

5. Que diferença há entre os ditados populares "Cada um por si e Deus por todos" e "Um por todos e todos por um"?
   _____
   _____
   _____

6. "Precisamos criar regras para podermos viver juntos." O que você pensa sobre essa afirmação?
   _____
   _____
   _____

7. Na escola: uma redação e muita conversa

No dia seguinte, na escola, Zé Luiz aproveitou a aula de redação, com tema livre para escolher, e tentou passar para o papel o seu sonho.

> **A torre**
>
> Essa noite eu sonhei que estava no meio de uma torre muito grande, tão grande que não dava para ver onde começava nem onde acabava.
>
> Eu estava no meio daquela multidão toda, cada um falava uma coisa diferente de um jeito diferente. Parecia que era a mesma língua, mas ninguém se entendia e cada um queria ser o mais importante: ser ouvido.
>
> Uma confusão: ninguém entendia ninguém, ninguém olhava para ninguém, ninguém se importava com a pessoa que estava ao seu lado.
>
> Aí então...

Depois que todos acabaram de escrever, a professora Silvana perguntou quem queria ler o que havia escrito.

Zé Luiz topou. Ele estava com o sonho ainda presente na sua lembrança e queria trocar ideias com os colegas sobre a confusão sonhada por ele.

E HÁ COISAS QUE DEVEM SER RESPEITADAS EM BENEFÍCIO DA MAIORIA. POR EXEMPLO...

Você conhece outras regras? Quais?

OUTRAS COISAS SÃO TÃO DETERMINADAS E FIRMES QUE NEM ADIANTA TENTAR DESOBEDECÊ-LAS. POR EXEMPLO...

Entenda um pouco mais

Como são feitas as leis

1 O Executivo (prefeitos, governadores ou o presidente) ou o Legislativo (vereadores, deputados ou senadores) propõe uma lei. Ela também pode surgir a partir de um abaixo-assinado da população.

Fabio Rodrigues Pozzebom/ABr

Wilson Dias/ABr

2 A lei é debatida entre os senadores e deputados (ou vereadores, na esfera municipal).

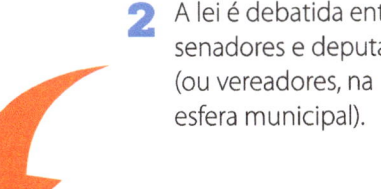
Fabio Colombini

3 Uma vez aprovada, o presidente, governador ou prefeito, dependendo da abrangência da lei, precisa sancionar a lei, ou seja, ele vai declarar sua aprovação. Nesta fase, partes (artigos) da lei podem ser excluídos.

4 Depois disso, a lei passa a valer quando é publicada no Diário Oficial.

Imprensa Nacional, Brasília

8. Muitas ideias na cabeça

A cabeça da galera ficou cheia. Cheia de pontos de exclamação e pontos de interrogação. De reticências.

Para que servem as regras?

9. Aqui na escola, as coisas são assim

A professora continuou sua fala ajudando os alunos a pensar sobre os muitos pontos levantados.

– Nossa, pessoal, quanta coisa vocês estão pensando! Tem assunto para a vida inteira. Então vamos conversar um pouco, começando aqui pela escola.

Se vocês observarem bem, aqui onde estamos agora há várias regras orientando nosso comportamento.

Os olhos do Zé Luiz e dos seus colegas da sala de aula percorreram a sala procurando as tais regras. E foram encontrando.

POR QUÊ?
Porque o lixo espalhado causa má impressão, pode atrair animais e aumenta o trabalho de outras pessoas.

POR QUÊ?
Porque os próximos alunos a usar a sala têm o direito de encontrá-la em ordem.

POR QUÊ?
Porque manter lâmpada acesa sem necessidade é gasto inútil de energia elétrica, que poderia ser usada em outras regiões.

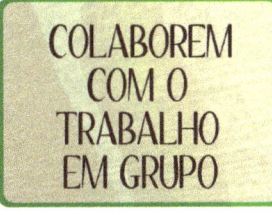

POR QUÊ?
Porque trabalho em grupo na escola depende da participação de todos os alunos.

Vejam que cada dever cumprido corresponde ao direito de outras pessoas. Se temos o direito de estudar em uma sala limpa, temos o dever de conservá-la assim. Se temos o direito de fazer bons trabalhos em grupo, temos a obrigação de dividir com os colegas a responsabilidade pelo trabalho. Assim por diante.

10. Eu, você e os outros: nós

A voz da professora foi mais longe, continuando a conversa:

– E não é só aqui na escola. Se vocês observarem bem, vão perceber que a maioria das coisas que fazemos são feitas junto com outras pessoas:

um passeio,
uma refeição,
uma consulta médica,
uma visita,
uma festa de aniversário.

– Se vocês observarem bem, vão perceber que quase sempre estamos juntos com outras pessoas em diferentes lugares:

no ônibus,
no cinema,
no parque,
no hospital,
na escola,
no supermercado.

– Vocês também vão notar que a maioria das coisas que fazemos depende de outras pessoas.

– Ufa! Tudo isso porque não estamos sozinhos no mundo e vivemos juntos com muitas outras pessoas.

 Atitude

Se você observar bem, vai perceber que outras pessoas dependem de você. Veja estes dois exemplos:

- o trabalho do seu professor só pode acontecer com a sua presença na sala de aula;
- o livro que você está lendo só tem vida quando você o lê. É por isso que o escritor, ao escrevê-lo, pensa em você.

Olhe à sua volta. Quantas pessoas dependem de você: do seu carinho, da sua atenção, da sua participação, da sua dedicação?

Fique por dentro

As regras da escola

Toda escola é uma instituição social, um grupo de pessoas orientadas por regras comuns estabelecidas pela sociedade e que trabalham para atingir objetivos programados anteriormente.

Uma escola tem sede (prédio, áreas livres, jardins, quadras etc.), tem patrimônio (seu nome, os móveis, os equipamentos, os livros etc.), tem estrutura (quem é quem dentro da escola: quem decide, quem realiza, quem comanda, quem coordena, quem participa) e tem seu modo próprio de funcionamento (leis, regras e orientações que indicam a forma de funcionar). As regras e orientações maiores e mais gerais são dadas por uma lei chamada Lei de Diretrizes e Bases da Educação Nacional (LDB).

As regras mais detalhadas e que devem estar de acordo com as leis mais gerais são estabelecidas no Regimento da Escola. É no regimento de cada escola que são definidas coisas como as que você vivencia todo dia: horários, grade curricular das matérias, forma de avaliação, uso de recursos econômicos etc.

As regras estabelecidas no regimento (assim como todas as demais leis) devem:
1. ser resultado de muita discussão entre os interessados, antes de sua aprovação;
2. ser obedecidas por todos, depois de aprovadas;
3. ser questionadas e alteradas quando não mais forem interessantes para a maioria das pessoas.

É por isso que muitas das coisas que acontecem na sua escola não podem ser mudadas da noite para o dia ou mudadas apenas em uma escola. Elas fazem parte das regras que toda escola deve obedecer.

Para mudá-las é preciso que haja discussão, propostas e argumentos para todos ficarem convencidos de que a mudança é necessária e é para melhor.

– Exatamente! E precisamos respeitar as regras que são para todos.
– É por isso que a senhora está sempre chamando nossa atenção para aquela "meia dúzia de lembretes"?
– É por isso mesmo! É por isso que eu sempre digo a vocês:

> Fale um de cada vez.
> Respeite a ideia do colega.
> Não prejudique o trabalho do amigo.
> Ande sem correr pelos corredores.
> Fale baixo. Não precisa gritar.
> Não mexa no material escolar que não é seu.
> Respeite os alunos menores.
> Cuidado com o patrimônio da escola.

– Que "meia dúzia" grande, dona Silvana!
– É muito maior do que isso. Viver com outras pessoas e respeitá-las significa ter direitos e deveres. São de todos e para todos.
– Credo! Parece que a gente só tem deveres para respeitar!
– Não, senhor! Todos temos muitos deveres... mas temos, também, muitos direitos.
– Por exemplo...
– Por exemplo:

> direito a uma casa para morar;
> a uma família;
> de estudar em uma boa escola;
> a uma alimentação saudável;
> de pensar e falar livremente;
> de escolher o jeito de ser... e
> muitos, muitos outros mais.

— Parece que nunca acaba esta lista de direitos e deveres!

— É verdade! A lista é enorme, quase sem fim...

Que regras você gostaria de sugerir para melhorar a convivência na escola?

Fique por dentro

As muitas relações

Um dos aspectos mais interessantes na vida dos homens é a dependência que cada um de nós tem dos outros.

Temos a necessidade de suprir nossas deficiências com a ajuda, o trabalho, a participação e a cooperação de outros seres humanos.

É assim com nossa alimentação (dependemos do trabalho dos agricultores, das grandes distribuidoras, dos feirantes; da industrialização de muitos alimentos; do controle de qualidade etc.). É assim com nossa saúde, educação, segurança, trabalho. Pode-se pensar que, hoje, é quase impossível um ser humano sobreviver sozinho. Qualquer ação de um homem dependerá de outras tantas ações de outros tantos homens.

Assim, vamos estabelecendo uma rede de relações entre nós. Podemos falar, entre outras, de relações de afetividade (com a família, com os amigos, parentes, colegas de trabalho etc.), de relações profissionais (como cidadãos produtivos, participamos de grupos em que desempenhamos tarefas, recebemos pagamento por isso e somos úteis à sociedade), de relações econômicas (compramos produtos, vendemos outros, acumulamos bens e capitais, pagamos impostos etc.) e de relações políticas (querendo ou não, tudo o que acontece no mundo em que vivemos está direta ou indiretamente, pouco ou muito, relacionado com as ações políticas dos nossos representantes nos poderes Legislativo, Executivo e Judiciário).

Essas relações vão aparecendo e se firmando ao longo de nossa existência. Algumas são mais fortes que outras em alguns momentos ou durante a vida toda. Mas, de uma forma ou de outra, estaremos sempre envolvidos nessa rede de relações que vamos estabelecendo na vida.

Viver é isso: relacionar-se com os outros.

Momento para reflexão

1 Para que as pessoas se entendam é necessário que elas falem a mesma língua. O que você acha disso?
_____
_____

2 Você costuma respeitar as regras que impõem limites ao seu comportamento ou você só respeita aquilo com o que concorda?
_____

3 Que regras da sua escola você acha fundamentais? Você costuma respeitar essas regras? E seus colegas?
_____
_____

4 Você acha que um grupo de pessoas pode viver bem sem respeitar regras em comum?
_____

5 Você já participou, em sua escola, de uma discussão para criar uma regra nova ou modificar uma regra já existente?
_____
_____

6 Olhe à sua volta. Veja quantas coisas construídas e fabricadas. Você acha que uma pessoa sozinha poderia, por exemplo, construir o prédio de sua escola?
_____

7 Você concorda com a afirmação "Viver é isso: relacionar-se com os outros"? Por quê?
_____
_____

8 Cite algumas pessoas com as quais você convive e que são importantes em sua vida.
_____
_____

11. Está tudo escrito?

— Dona Silvana, viver assim, com regras e leis, é bem mais fácil.

— Nem sempre, Zé Luiz!

— Por quê?

— Nem sempre viver em grupos, grandes ou pequenos, é mais fácil. Se cada pessoa não cumprir os seus deveres nem respeitar a vontade da maioria e os direitos dos companheiros, viver com as pessoas pode tornar-se um grande problema.

— E como evitar que isso aconteça?

— É por isso que, desde os tempos mais antigos, em cada época, os seres humanos procuravam discutir seus direitos e deveres, deixando-os claros para todos. Há muito e muito tempo, na época da civilização grega, cerca de quatro séculos antes de Cristo, as discussões eram públicas, realizadas em praças chamadas **ágora**.

— Hoje em dia ainda se discute em àgoras?

— Não, Zé Luiz. Atualmente, nossos direitos e deveres são discutidos e aprovados por nossos representantes no Poder Legislativo (**Câmara dos Vereadores**, **Assembleia Legislativa** e **Congresso Nacional**). Depois de aprovados, transformam-se em leis, são publicados e devem valer igualmente para todos nós.

> **Ágora:** praça da Grécia antiga, onde era montado o mercado e onde as pessoas se reuniam em assembleia popular.

Ágora romana de Tiro.

Fique por dentro

Você conhece alguns desses documentos públicos que organizam, orientam e controlam nossa vida? Esses documentos deixam claros nossos direitos e deveres.

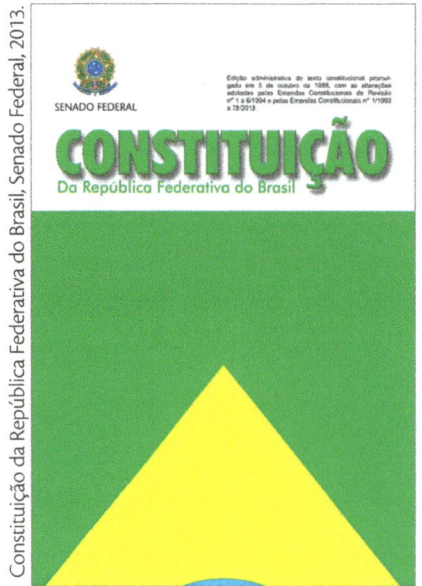

Constituição Federal do Brasil. Você quer saber quais são seus principais direitos e deveres? Eles estão aqui!

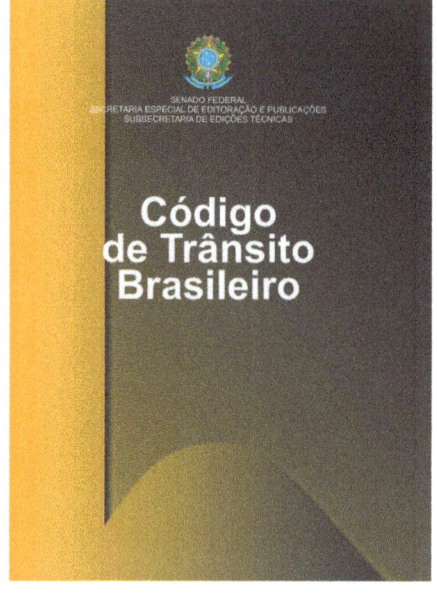

Constituição da República Federativa do Brasil, Senado Federal, 2013.

Código Nacional de Trânsito. Você quer saber quais os direitos e deveres de um bom motorista? Eles estão aqui!

Código de Trânsito Brasileiro, Senado Federal, Subsecretaria de Edições Técnicas, 2009.

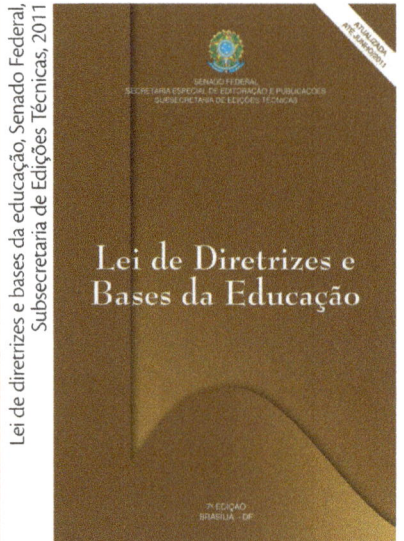

Lei de Diretrizes e Bases da Educação Nacional. Você quer saber como as escolas devem se organizar para oferecerem um bom ensino? Aqui você fica sabendo!

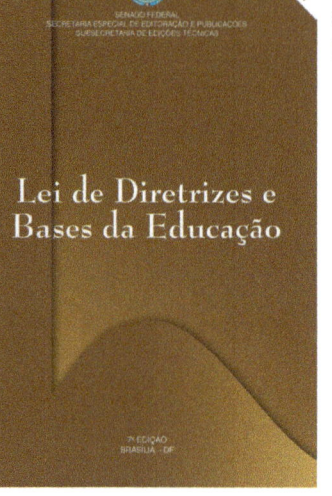

Lei de diretrizes e bases da educação, Senado Federal, Subsecretaria de Edições Técnicas, 2011.

Código de Defesa do Consumidor. Depois de ter comprado um objeto, você percebe que foi enganado! Seus direitos de consumidor estão aqui!

Código de Proteção e Defesa do Consumidor, Senado Federal, Subsecretaria de Edições Técnicas, 2012.

12. Tantas leis

Há muitas outras leis que dão conta também de pequenos problemas, de situações particulares ou específicas de um grupo de pessoas. Querem ver?

UM PROBLEMA DE TIRAR O SONO
São dez horas da noite e você quer dormir sossegado. Em frente à sua casa estão construindo um prédio e os trabalhadores continuam trabalhando, fazendo barulho.

Pode? Não pode.

Há leis que regulamentam o horário de trabalho e impedem atividades barulhentas depois das dez horas da noite.

UM PROBLEMA RUIM PRA CACHORRO
Você gosta de passear no parque municipal mais próximo de sua casa e sempre que pode vai até lá. Ultimamente você não tem ido porque tem medo dos cachorros violentos que passeiam sem coleira. Cachorro pode passear pelo parque sem coleira?

Pode? Não pode.

Há uma lei que proíbe cão de andar solto, sem coleira e focinheira pelo parque.

UM PROBLEMA DO TAMANHO DO ANO

Você resolve que a partir de setembro não vai mais frequentar a escola porque já sabe tudo.

Pode? Não pode.

Há leis do Ministério da Educação que organizam as escolas e, entre outras coisas, deixam claro a obrigatoriedade da presença dos alunos às aulas.

Atitude

Atitude

Nenhum acordo ou regulamento e nenhuma regra ou lei são definitivos, para o resto da vida.

Eles só têm validade quando as pessoas concordam com eles e pensam que eles têm sentido.

Se perdem o "sentido" e ficam caducos, têm de ser mudados!

13. Nem tudo está escrito

– Mas nem tudo está escrito em leis, códigos, regulamentos e regimentos – lembrou a professora Silvana.

Há muitas coisas que são combinadas entre as pessoas de um mesmo grupo. Por isso mesmo há um ditado popular antigo que diz "o que é combinado não é caro".

Pensem um pouco.

VOCÊ E SEUS AMIGOS

Existe alguma lei que obrigue você a gostar de seus amigos?

Existe alguma lei que faça você dar um presente de aniversário para um amigo?

Existe uma lei que obrigue você a respeitar os pais dos seus amigos?

Existe alguma lei que faça você ficar alegre quando está com seus amigos?

VOCÊ E SUA FAMÍLIA

Existem leis obrigando você a gostar de seus pais?

Há leis que impõem o horário de dormir, de desligar a televisão, de apagar a luz do quarto?

Existe alguma lei que obrigue você a cuidar bem dos móveis e objetos de sua casa?

VOCÊ E SUA ESCOLA

As leis e regimentos da escola obrigam você a gostar do(a) professor(a), a dividir seu lanche com os amigos?

Há leis que obrigam você a impedir a participação dos colegas no trabalho em grupo?

No entanto, apesar da ausência de obrigatoriedade, essas coisas estão sempre acontecendo, porque elas são "combinadas" com as pessoas do grupo ao qual pertencemos. Não precisamos de lei que nos obrigue a fazer as coisas combinadas entre os componentes de um grupo.

Fique por dentro

Leis, regulamentos e costumes

Os direitos e deveres de uma sociedade são organizados através das leis, dos regulamentos e dos costumes.

As leis são as normas (ou regras) elaboradas, discutidas e votadas pelo Poder Legislativo. Geralmente, as leis surgem das necessidades impostas pela evolução da vida em conjunto. Por exemplo: há séculos, nenhum povo tinha necessidade de um código de trânsito, pois não havia veículos automotores nem havia risco de vida para os pedestres. A lei sempre será resultado da necessidade de se organizar melhor a vida das pessoas.

Os regulamentos são também regras, mas que não precisam ser votadas pelo Poder Legislativo. Os regulamentos, muitas vezes, são explicações da aplicação das leis e têm como objetivo garantir certa igualdade e uniformidade no comportamento das pessoas que são afetadas pelas leis. Por exemplo, o regulamento de um condomínio orienta os moradores sobre como se comportar nas dependências comuns do edifício. Os regulamentos podem ser diferentes de um grupo para outro. É por isso que alguns condomínios aceitam cachorros e outros não. Trata-se, certamente, de um acordo, um contrato, uma combinação entre as pessoas.

Não podemos nos esquecer dos costumes de uma determinada sociedade. Os costumes são regras de comportamento combinadas entre as pessoas e acertadas em uma espécie de contrato verbal que indica o modo de se comportar diante de um determinado caso. Por exemplo, é costume do nosso povo dar mais atenção e cuidado aos idosos. Os costumes não são leis, no sentido tradicional, mas são tão fortes quanto elas.

Tanto leis quanto regulamentos e costumes são resultados de acordo, de pacto, de combinação, de contrato entre as pessoas de um grupo. Quando esses acordos são desrespeitados, rompendo a harmonia entre as pessoas, o grupo entra em crise e tem de discutir novamente suas leis, seus regulamentos e seus costumes para mudá-los, ajustando-os aos novos tempos e às novas necessidades.

14. O mais bonito de tudo

Zé Luiz foi para casa com tudo aquilo que havia aprendido na escola. Todo prosa, querendo mostrar para a mãe seus novos conhecimentos, abriu logo a conversa com ela e se pôs a explicar.

Sua mãe ouviu com atenção e, depois que ele terminou de falar, ela fez um comentário.

– Sua professora tem razão. O mais bonito nessa história de vivermos juntos são aquelas ações que fazemos para melhorar a qualidade de vida de todos nós.

– Como assim, mãe?

– Solidariedade, cooperação e participação, meu filho! Uma pessoa depende da outra; uma ajuda a outra. O que sobra pra um pode estar fazendo falta pro outro. Se sozinho eu posso pouco, participando dos grupos posso resolver muitos problemas.

— Ah! Como no grupo do qual a senhora participa?

Zé Luiz lembrou-se do grupo do qual sua mãe participa na igreja do bairro (apesar das reclamações do seu pai).

São donas de casa que discutem sobre os principais problemas do bairro, cobram soluções das autoridades, ajudam uma creche e dão aulas à noite para trabalhadores analfabetos.

— Exatamente. É no grupo, junto com outras pessoas, que cada um de nós pode começar a mudar o que não está bom. Conversando, entendendo, perguntando, aprendendo, cooperando, participando, mudando...

Então, Zé Luiz foi juntando lembranças, informações e leituras num grande quebra-cabeça.

Viver junto é...

Pensar no que é melhor para a maioria.

Respeitar leis e regras que nos dão direitos e impõem deveres.

Ser solidário.

Ajudar o semelhante.

Mudar as regras quando for necessário e bom para todos.

Respeitar opiniões diferentes.

Usufruir os direitos e cumprir os deveres.

Saber que tudo que vivemos tem a participação direta ou indireta de outras pessoas.

15. Outra redação

Quando as peças do quebra-cabeça foram tomando seu lugar certo, bateu uma vontade tão gostosa de escrever que Zé Luiz foi pegando logo sua caneta e passando a limpo algumas ideias.

Os maiores tesouros da vida

Entre as riquezas de nossa vida, podemos dizer que os maiores tesouros são...

Momento para reflexão

1. Pense nisto: para que você tenha seu direito respeitado, as outras pessoas devem cumprir os seus deveres. Por exemplo, para que você possa dar sua opinião sobre um assunto, as outras pessoas devem ouvir e respeitar sua opinião. Dê outros exemplos.

   _____
   _____
   _____

2. Em sua casa, com sua família, você também tem seus direitos e deveres. Cite alguns.

   _____
   _____
   _____

3. Você acha fácil ou difícil viver em grupo, respeitar os direitos de todos e cumprir seus deveres?

   _____
   _____
   _____

4. Como você se sente quando tem de cumprir um dever? É bom ou ruim? Você pensa em você ou nos outros?

   _____
   _____
   _____

5. Dê um exemplo de um direito que você tem e de um dever que você cumpre, dos quais gosta muito.

   _____
   _____
   _____

Bibliografia

ARENDT, Hannah. *A condição humana*. Rio de Janeiro: Forense Universitária, 1999.

BENEVIDES, Maria V. de Mesquita. *A cidadania ativa: referendo, plebiscito e iniciativa popular*. São Paulo: Ática, 1996.

BRASIL. Secretaria de Educação Fundamental. *Parâmetros curriculares nacionais: terceiro e quarto ciclos: apresentação dos temas transversais*. Secretaria de Educação Fundamental. Brasília: MEC/SEF, 1998.

BRASÍLIA. Ministério da Educação, Secretaria de Educação a Distância. *Direitos humanos*. (Cadernos da TV Escola), 1999.

_____. Ministério da Educação e do Desporto, Secretaria de Educação Fundamental. *Parâmetros curriculares nacionais*. MEC/SEF, 1997. v. 9 e 10.

COLEMAN, John. *Família e amigos*. São Paulo: Moderna, 1996.

DIAS, Maria Luiza. *Vivendo em família*. São Paulo: Moderna, 1992.

DIMENSTEIN, Gilberto. *Aprendiz do futuro: cidadania hoje e amanhã*. São Paulo: Ática, 1997.

EDITORA ABRIL. *Cidadãos do mundo: construindo o futuro*. São Paulo, Revista Recreio. (Col. De olho no mundo, 20). ago. 2000.

LANGLOIS, Denis. *A injustiça contada às crianças*. Lisboa: Terramar, 1998.

MACHADO, Nilson J. *Ensaios transversais: cidadania e educação*. São Paulo: Escrituras, 1997.

MERCADANTE, Clarinda. *Homem: que bicho é esse?* São Paulo: Moderna, 1997.

MORAN, José M. *Mudanças na comunicação pessoal: gerenciamento integrado da comunicação pessoal, social e tecnológica*. São Paulo: Paulinas, 1998.

Revista Nova Escola. São Paulo: Fundação Victor Civita, n. 115, set. 1998.

SOARES, Ismar de Oliveira. *Sociedade da informação ou da comunicação?* São Paulo: Cidade Nova, 1996.

SOUZA, Herbert de. *Ética e cidadania*. São Paulo: Moderna, 1994.

TOURRAINE, Alain. *Poderemos viver juntos? Iguais e diferentes*. Petrópolis: Vozes, 1999.